# HR braucht mehr PR

*Was Fachkräfte, Teamleiter und Jungunternehmer von morgen bereits heute wissen müssen.*

# Inhaltsangabe

# 1 Einleitung

Ich habe mich in den vergangenen Jahren sehr intensiv mit der HR bzw. Personalbranche beschäftigt. Im diesem Zusammenhang habe ich unter anderem mehr als 500 Gespräche geführt. Zahlreiche Umfragen fanden sowohl auf digitalem als auch auf persönlichem Weg statt. Ausserdem habe ich mich mit dem Studium der unterschiedlichsten Literatur beschäftigt, um meine Kenntnisse noch zu erweitern. Nach einer Auswertung der Ergebnisse, steht fest, dass sich die HR Branche in einem sehr grossen Wandel befindet. Dennoch scheint sich scheinbar keiner wirklich für das Thema der digitalen Transformation und was diese für den Arbeitgeber- und Arbeitnehmermarkt bedeutet, zu interessieren. Das sieht bei Ihnen anders aus? Vielen Dank dafür, dass Sie sich ernsthaft mit dem Thema auseinandersetzen. Ich möchte ich direkt auf den Punkt kommen. Ihre Zeit sollten Sie am besten dort investieren, wo Bewegungen und Veränderungen im Geschehen möglich sind und wo Sie aktiv in diesen eingreifen können. An erster Stelle handelt es sich dabei um Ihre eigenen Mitarbeiter sowie um Ihr Team. Diese Beziehung nennt man auch Human 2 Human (H2H).

**Die Gründe für das Lesen dieses Buches**

Im Laufe der Zeit entwickeln Sie bei Ihrer Arbeit eine Vielzahl an Ansprüchen, die Sie an sich selbst stellen. Schliesslich will jeder seine Leistung verbessern und jeder möchte gerne etwas dazu lernen. Vor allem stehen jeden Tag die Menschen im Vordergrund, die sich in Ihrem direkten Umfeld befinden. Gerade diesen möchten Sie die wirklich wichtigen Dinge mit auf den Weg geben. Dabei kann es sich um einige wenige, effiziente Schritte handeln. In der Vergangenheit, war es immer ein Problem, dass zulange eine Konzentration auf Fragestellungen rund um die Themen B2C und B2B erfolgt sind. Dabei haben viele Menschen und Entscheidungsträger etwas ganz wichtiges vergessen: gemeint ist der Bereich Human 2 Human (H2H).

Dennoch ist dieser gerade jetzt als äusserst kritisch im Hinblick auf die HR Branche anzusehen. Die wahre Bedeutung von Human 2 Human (H2H) scheinen jedoch nur wenige Menschen wirklich zu erkennen. Dabei stellt dieser Bereich innerhalb eines Unternehmens eine der wichtigsten fünf Ressourcen überhaupt dar. Es geht schliesslich um den Menschen. Dieser verliert auch trotz der immer weiter fortschreitenden Digitalisierung nicht an Bedeutung und bleibt eine der wertvollsten Ressourcen in jedem Unternehmen. Zu konkret sind nämlich die Eingriffe mit tiefgreifenden Folgen. Aus diesem Grund ist es heute wichtiger denn je, dass in einem Betrieb die richtigen Personen auch an der richtigen Stelle sitzen. Diese sind schliesslich dafür verantwortlich, den richtigen Weg mit der richtigen Führung zu weisen. Ausserdem tragen die passenden Prozesse und Systeme in Verbindung mit Human 2 Human (H2H) zu einem grösseren Erfolg im Unternehmen bei, bringt allerdings auch ein Problem mit sich. Die meisten Personen, die im Personalbereich tätig sind, sind nämlich leider eher als stille Macher bekannt. Wie sieht es bei Ihnen aus? Sprechen Sie über Ihren Job? Haben Sie schon von Sachbearbeitern, Bewahrern oder Administratoren gehört? Nehmen Sie vielleicht sogar selbst beruflich diese Position wahr? Haben Sie vielleicht den administrativen Aufwand bisher gescheut? Dann haben Sie die falschen Entscheidungen getroffen. Entscheidend ist hier der Faktor Human 2 Human (H2H) in Verbindung mit PR.

Dieses Werk vermittelt Ihnen, worum es bei beim Thema Personalwesen geht. Zugleich erfahren Sie, warum dieses Thema auch heute noch immer mehr an Bedeutung gewinnt. Es geht darum, die Qualität der Neueinstellungen zu steigern und eine Optimierung bei der Mitarbeiterbindung zu erreichen. Aus diesem Grund müssen sich die zuständigen

Mitarbeiter im Personalbereich mit zahlreichen verschiedenen Themen beschäftigen und auch auseinandersetzen. Dazu gehören zum Beispiel unter anderem die Arbeitgebermarke, der Emotional Content sowie die verschiedenen Sozialen Netzwerke. Des Weiteren sind aber auch die Mitarbeiterbindung an das Unternehmen sowie das Recruiting durch Mitarbeiter für die weitere Arbeit von entscheidender Bedeutung.

Ich wünsche Ihnen viel Spass und Erfolg beim Lesen dieser Lektüre und vergessen Sie nicht: Sie arbeiten mit den Menschen, nicht am Menschen.

*"Meine wichtigste Erfahrung als Manager ist die Erkenntnis, dass die Mitarbeiter das wertvollste Gut eines Unternehmens sind und damit auch das wichtigste Erfolgskapital"*

*Werner Niefer, dt. Topmanager*

# 2 Digitalisierung der HR Branche

Schenkt man einer Studie des sozialen Netzwerks LinkedIn Glauben, dann sind derzeit vor allem zwei Themen im Bereich des HR von Relevanz: zum einen das datengetriebene Recruiting und zum anderen der Fachkräftemangel. Es ist abzusehen, dass bis in das Jahr 2020 die datenbezogene Rekrutierung als Trend noch weiter an Zugkraft gewinnen wird. Schliesslich vereinfacht sich der Zugang zu den Daten. Parallel hierzu wird es preiswerter, den Zugang zu diesen Informationen zu erhalten. Grund dafür sind zum einen die professionellen Netzwerkplattformen, zum anderen jedoch auch die neuen Technologien. Vor allem für Experten in der Talent Akquisition gibt es somit einen einfachen Weg zur Aufrüstung und zur Versorgung mit den verschiedensten wichtigen Daten und Informationen. Für Talent-Pools hingegen ergibt sich die Möglichkeit, mittels Big-Daten viele verschiedene Informationen zu sammeln. Ausserdem kann unter der Mitwirkung vom Talentwunder das sogenannte crawlen erfolgen. Hier gibt es jedoch vor allem bei der Konkurrenz gibt es jedoch eine besonders hohe Hürde. Diese erweist sich bei den Bemühungen um TOP-Mitarbeiter häufig als störend. Aus diesem Grund verändern sich die Gedanken der Unternehmen. Sie gehen immer mehr in die Richtung, dass es zu einer Konzentration auf die Entwicklung der jeweiligen Arbeitgebermarke kommt. Zur Stärkung dieser individuellen Marke empfiehlt sich eine Zusammenarbeit von Personalern mit der Marketingabteilung. Besonders im Hinblick auf die Markenbildung sowie auf die Gewinnung von Mitarbeitern kommt den richtigen Tools eine hohe Bedeutung zu. Darunter sind berufsbezogene soziale Netzwerke, die eigene Karriere Website, aber auch Online Stellenbörsen zu verstehen.

In der HR-Branche schreitet die Entwicklung stets weiter voran. Dies trägt nicht nur zur Optimierung der Arbeitgebermarke bei, sondern steigert auch die Effizienz vom Personalmarketing. Eine wertvolle Hilfe in dem Bereich stellen Lösungen wie etwa equipia und whatchado dar. Zu diesem Thema nahm schliesslich auch der Employer-Branding und Personal Marketingspezialist Jan Kirchner Stellung. Er sagte, dass heute nicht nur die Messung von Massnahmen des Marketings und der Effizienz vom Budget möglich sei, sondern dass auch der effiziente Einsatz von HR-Analytics kein Problem mehr darstelle. Ausserdem kann es nunmehr auch zur Automatisierung im Bereich des Personalmarketings kommen. Verantwortlich für diese Entwicklung ist die Kombination von Realtime-Bidding und Data-Driven Recruiting. In diesem Zusammenhang wird es möglich, individuelle und auf den gewonnenen Daten basierende Personalmarketing-Strategien zu entwickeln. Ausserdem kann es in der Folge zu einer Verbesserung der Bewerber-Konversion von Karriere-Seiten und Job-Portalen kommen. Besonders von Bedeutung ist bei diesem System ein "Job-Multiposting" auf der Basis des "Real-Time-Bidding"-Verfahrens. Im Anschluss an das Verfahren erfolgt die automatische Vermittlung von potentiellen Bewerbern an entsprechenden Karriereseiten.

*"It's not about money.*

*It's about the people you have,*

*and how you're led."*


*Steve Jobs*

# 3 Adaptives Rollenverständnis

Das Personalmanagement befindet sich im Hinblick auf seine Anforderungen und Aufgaben im stetigen Wandel. Besonders wichtig für Verantwortliche im Personalwesen ist dabei das Beherrschen der verschiedenen, administrativen HR-Prozesse. Dabei kommt es jedoch zum Wandel vom Personaler zu einem Strategic Partner und Change Agent. Den Mitarbeitern kommt schliesslich inzwischen als Ressource für das Unternehmen eine sehr wichtige Bedeutung zu. Dabei steht vor allem die Philosophie eines "Human 2 Human"-Ansatzes im Vordergrund. Ausserdem kommt es vermehrt auf den nachhaltigen Aufbau einer Beziehung sowie auf die anschliessende gute Pflege dieser, durch alle Beteiligten, an. In diesem Zusammenhang gilt es, auch eine Online-Studie zu berücksichtigen. Diese wurde in Verantwortung von verschiedenen Instituten durchgeführt. Dabei handelt es sich zum einen um das Institut für Personal + Organisation der FH Wien, sowie um die WKW Klingler Consultants AG aus der Schweiz. Ausserdem ist war die Leuphana Universität in Lüneburg an dem Projekt beteiligt.

Aus der Studie konnte die Erkenntnis gewonnen werden, dass im Bereich Human 2 Human, bei administrativen Experten und Employee Champions die operativen Aufgaben den administrativen überwiegen. Es gibt hier Forderungen nach einem Richtungswechsel. Das Personalmanagement soll nach Möglichkeit in der Zukunft stärker mit Change Agents und Strategic Partnern

zusammenarbeiten. Das Ziel muss jedoch eine stärkere, strategisch fokussierte Ausrichtung des H2H - Bereiches sein. Trotz der stetigen und notwendigen Forderungen in diesem Bereich, ist dieser Punkt leider bis heute noch immer nicht erfüllt. Vor allem im operativen Bereich können die verantwortlichen Mitarbeiter auf eine grosse Kernkompetenz zurückgreifen. Infolgedessen

kommt es zu einer laufenden Weiterentwicklung und Verbesserung im Bereich des Human 2 Human. Das wiederum führt in der Folge zur Optimierung von Arbeitsabläufen sowie in der Dokumentenverwaltung. Dies ist vor allem an den eingesetzten Management Self Service Systemen (MSS) und den Employee Self Service Systemen (ESS) zu erkennen. Wirft man einen Blick auf den

Bereich der Employee Champions, dann wird ausserdem schnell deutlich, dass es nicht zu grossen Hinterfragungen der Bedürfnisse von Beschäftigten kommt. Dies gilt besonders für Arbeitsprozesse und Arbeitsinhalte, aber auch für die generelle Zufriedenheit mit der Arbeit. Gerade die strategischen Funktionen gewinnen im HR Bereich immer mehr an Bedeutung. Auch dieser Tatsache wird jedoch bisher äusserst ungenügend Rechnung getragen. Es ist jedoch klar, dass hier unbedingt etwas geschehen muss, denn nur dann ist es möglich, der Konkurrenz im Hinblick auf qualifizierte Mitarbeiter nachhaltig und effektiv gegenüber zu treten. Damit lässt sich zugleich auch dem demografischen Wandel Rechnung tragen. Eine grundlegend dichte Verknüpfung besteht zwischen den Rollen vom Strategic Partner, dem Employee Champion und dem Change Agent.

In diesem Fall liegt für Human 2 Human (H2H) primär eine strategische Ausrichtung vor, da es hier zu einer direkten Orientierung an den Bedürfnissen der einzelnen Mitarbeiter kommt. Das bedeutet, dass diese Bereiche mit ihren neuen Anforderungen besonders für Administrative Experten stark an Bedeutung gewinnen. Fakt ist ausserdem, dass der Wettstreit um qualifizierte Arbeitnehmer stetig weiter zunimmt. Daher kommt den Ressourcen und dem Budget vom Personal-Management im Hinblick auf H2H eine immer grössere Bedeutung zu. Das hat eine Anpassung an die gegebenen Umstände zur

Folge. Darüber hinaus muss definitiv eine Stärkung der Kompetenzen im strategischen

Bereich erfolgen. Besonders HR-Kunden und Stakeholder müssen mehr in den Vorder-

grund rücken. Eine wichtige Grundlage dafür ist das Erkennen der verschiedenen Be-

dürfnisse und Forderungen im Bereich des HR sowie deren qualifizierte Befriedigung.

Nur mit dem Verständnis und der Akzeptanz für das veränderte Rollenverhältnis ist es

dem HR Bereich in Zukunft möglich, entsprechend zu reagieren. Dementsprechend ist

auch ein Anpassen der Aktivitäten und Aufgaben notwendig. Diese Änderung führt lang-

fristig dazu, dass der benötigte sowie der geforderte Personalbedarf auch bedient wer-

den kann.

*"Good management consists in showing average people how to do the work of superior people."*

*John Rockefeller*

# 4 Mitarbeiterförderung und Weiterbildung

Wir leben heute in einer Welt voller Veränderungen. Die Fähigkeiten unserer Mitarbeiter zur Verfügung zu haben und diese richtig einzusetzen, ist daher wichtiger denn je. Viele Unternehmen entscheiden sich an dieser Stelle sofort für eine externe Ausbildung. Dennoch ist es sinnvoll, darüber nachzudenken, ob die Kompetenz und die Erfahrung, die für die Ausbildung des Mitarbeiters notwendig ist, nicht bereits im eigenen Unternehmen vorhanden ist. Sollte dies der Fall sein, dann ist die nächste Frage, wie Sie diese zum Wohle Ihrer Mitarbeiter ausnutzen können. So haben vor allem Ihre jüngeren Mitarbeiter zum Beispiel Kenntnis von Social Media, wie etwa Facebook, LinkedIn oder YouTube. Die ältere Generation hingegen hat vor allem mit diesem Bereich häufig zu kämpfen. Hier kann die Erfahrung der jungen Generation genutzt werden, um die älteren Kollegen entsprechend Auszubilden. Dabei ist es in der Regel sinnvoll, dass traditionelle Hierarchien rückgängig gemacht werden.

Dem Bereich der Mitarbeiterförderung wird zunehmend eine wichtige Bedeutung zugesprochen Sie erfolgt in der Regel durch die Weiterbildung der Belegschaft. Diese kommt dem Unternehmen anschliessend nachhaltig zu Gute. Diese (Fort-)Bildungsmassnahmen umfassen sowohl die Vermittlung von Themen der Allgemeinbildung, als auch den Erwerb von Schlüsselqualifikationen für den Betrieb. Dabei sollten unbedingt zeitgleich die grundlegenden Unternehmenswerte erläutert und vermittelt werden. Dies ist ein besonders wichtiger Faktor, denn Firmen, die durch eine übergreifende Unternehmenskultur charakterisiert sind, operieren so automatisch erfolgreicher im digitalen Zeitalter. Eine Shell-Studie stellte in diesem Zusammenhang bereits vor Jahrzehnten fest, dass Unternehmen mit einem eigenen, identitätsstiftenden kulturellen Verhaltenskodex, nachhaltig konkurrenzfähiger und entsprechend erfolgreicher agieren können. Eine entsprechende Vermittlung dieser Werte und Prinzipien im Rahmen der Mitarbeiterförderung ist demnach elementar. Ausserdem ist eine strategische Fortbildung der Mitarbeiter generell essenziell sinnvoll und im Wettbewerb. Sie stellt die Grundlage einer Personalpolitik dar, die sich auf lange Sicht nachhaltig auszahlt. sollte dabei folgende Punkte beachten:

- Verknüpfung von Bildungszielen mit den allgemeinen Unternehmenswerten und - zielen

- Praxistransfer von Weiterbildungsmassnahmen sichern

- Qualitätskontrolle anhand festgelegter Standards (insbesondere bei externen Massnahmen)

- E-Learning optional erwägen und den Mitarbeitern entsprechende Angebote offerieren

Unternehmen profitieren grundsätzlich von einem zeitgemässen Bildungsmanagement, sofern sichergestellt ist, dass stetig neues und fundiertes Wissen in die Organisation getragen und vor allem nachhaltig gehalten und gefördert wird. Neben den strategischen Bildungsmassnahmen zählen in der Summe zusätzlich die folgenden Punkte zur systematischen und ganzheitlichen Mitarbeiterförderung:

- Detaillierte Einarbeitung
- Integration in den neuen Kollegenkreis
- Interne und externe Schulungen
- Förderung von Freizeit-Kursangeboten
- Massnahmen zu persönlichen Weiterentwicklung und Entfaltung

16

Personalentwicklung ist ein HR-Thema und muss in enger Zusammenarbeit mit den Führern des Unternehmens durchgeführt werden. Eine konsequente Mitarbeiterförderung steigert nicht nur die Motivation und die Kompetenz der Fachkräfte. Sie bindet darüber hinaus die Mitarbeiter an das eigene Unternehmen und die Arbeitszufriedenheit steigt signifikant an. Dies sind wesentliche Faktoren für eine zukunftsorientierte und erfolgreiche Personalpolitik der Mitarbeiterförderung, die zudem tatsächlich nachhaltig greift.

Personaler sollten für eine erfolgreiche Mitarbeiterförderung unbedingt den Mehrwert einer guter Analytik nutzen. Es empfiehlt sich die Durchführung von Potenzialanalysen. Ferner ist ausserdem die Erstellung bedarfsgerechter Karrieremodelle im Zuge der Bedarfsanalyse sinnvoll. Ein wirkungsvolles Instrument, vor allem im Zusammenhang mit Fortbildungen sind Evaluierungsbögen. Gut strukturierte und zielorientiert konzipierte Evaluierungsbögen liefern HR klare Hinweise, an welchen Stellen des Unternehmens Verbesserungen in der Fortbildung stattfinden sollten bzw. wo Ausbildungslücken bestehen. Mitarbeiter müssen zum richtigen Zeitpunkt abgeholt und mit spezifischen Programmen entsprechend ihrer Talente gezielt gefördert werden. Die richtige Analytik, mit Bezugnahme auf Programmteilnahmen sowie entsprechende 360° Auswertungen kann die Auswahl der Fortbildungsteilnehmer deutlich verbessern. Darüber hinaus kann es sinnvoll sein, auch weitere, persönlicheren Daten von den Mitarbeitern zu erheben. HR sollte diese Aufgabenstellung entsprechend fokussiert betrachten.

Mit der Zeit haben sich die Mitarbeiter Fähigkeiten angeeignet, die für jedes Unternehmen wichtig sind. Daher gewinnen diese Mitarbeiter für jede Firma mehr denn je an Bedeutung. Viele der Unternehmen schauen sich natürlich gerne nach Mitarbeitern mit externer Ausbildung um. Auch wenn das grundsätzlich nicht verkehrt ist, macht es in der Regel jedoch mehr Sinn, sich zuerst einmal im eigenen Unternehmen nach Mitarbeitern mit Kompetenz und Erfahrung umzuschauen. Es ist für das Unternehmen von immenser Bedeutung, diese Mitarbeiter auch weiterhin im Unternehmen zu halten und deren Erfahrung für die Ausbildung und das Training der weiteren Mitarbeiter im Betrieb zu nutzen. Diese - nicht immer einfache - Aufgabe fällt der HR zu. Während Ihre älteren Mitarbeiter zum Beispiel möglicherweise Probleme mit dem Bereich Social Media haben, haben jüngere Mitarbeiter sich in der Regel bereits von selbst schon einen umfangreichen Wissensschatz angeeignet. Wichtig ist, dass Sie in diesen Fällen gegebenenfalls Abstand von der traditionellen Hierarchie nehmen und gegebenenfalls einen Rückwärtsgang einlegen.

Die Mitarbeiterförderung wird auch weiterhin stetig an Bedeutung zunehmen. In der Regel erfolgt diese durch die Weiterbildung der Belegschaft. Diese Fort- beziehungsweise Weiterbildungsmassnahmen kommen wiederum dem eigenen Unternehmen nachhaltig zu Gute. Im Mittelpunkt stehen die Vermittlung von Themen aus dem Bereich Allgemeinbildung sowie der Erwerb von speziellen Schlüsselqualifikationen, mit Bezug zur Tätigkeit im Unternehmen. Besonders wichtig ist ausserdem die Vermittlung von grundlegenden Unternehmenswerten und Prinzipien. Es ist wissenschaftlich bewiesen, dass Firmen, die über eine übergreifende Unternehmenskultur verfügen, erfolgreicher operieren. Gerade im digitalen Zeitalter, welches einem ständigen Wandel unterworfen ist, ist dies ein besonders wichtiger Aspekt im Hinblick auf Human 2 Human. Im Rahmen einer von dem Unternehmen Shell durchgeführten Studie, kam man bereits vor Jahrzehnten zur Feststellung, dass solche Unternehmen nachhaltig konkurrenzfähiger und entsprechend erfolgreicher auf dem Markt sind. Es ist daher extrem wichtig, diesen Ansatz auch den Mitarbeitern zu vermitteln. Ausserdem ist die strategische Fortbildung von Mitarbeitern von essenzieller Bedeutung. Diese Grundlage der Personalpolitik zahlt sich nämlich nachhaltig aus. Im HR Bereich sind daher vor allem die folgenden Punkte besonders zu beachten:

- Verknüpfung von Bildungszielen mit den allgemeinen Unternehmenswerten und - zielen
- Praxistransfer von Weiterbildungsmassnahmen sichern
- Qualitätskontrolle anhand festgelegter Standards (insbesondere bei externen Massnahmen)
- E-Learning optional erwägen und den Mitarbeitern entsprechende Angebote offerieren

Unternehmen profitieren grundsätzlich von einem zeitgemässen Bildungsmanagement, sofern sichergestellt ist, dass stetig neues und fundiertes Wissen in die Organisation getragen und vor allem nachhaltig gehalten und gefördert wird. Neben den strategischen Bildungsmassnahmen zählen in der Summe zusätzlich die folgenden Punkte zur systematischen und ganzheitlichen Mitarbeiterförderung:

- Detaillierte Einarbeitung
- Integration in den neuen Kollegenkreis
- Interne und externe Schulungen
- Förderung von Freizeit-Kursangeboten
- Massnahmen zu persönlichen Weiterentwicklung und Entfaltung

Bei der Personalentwicklung handelt es sich um einen sehr akzentuiertes Human 2 Human Bereich. Es muss in Bezug auf das Thema zu einer engen Zusammenarbeit mit den Führern des Unternehmens kommen. Je konsequenter die Mitarbeiterförderung im Betrieb stattfindet, desto mehr steigen Motivation und Kompetenz der Fachkräfte. Zudem kommt es aufgrund der Förderung der Mitarbeiter zu einer Bindung an das Unternehmen. Als Folgewirkung resultiert daraus für die HR Verantwortlichen sowie für das Unternehmen ein signifikanter Anstieg der Arbeitszufriedenheit. Somit handelt es sich um wesentliche Forderungen im Hinblick auf eine zukunftsorientierte Personalpolitik der Mitarbeiterförderung. Das Resultat daraus ist ein nachhaltiges und erfolgreiches Greifen über einen langen Zeitraum.

Gute Analytik kann den Personalern bei einer erfolgreichen Mitarbeiterförderung helfen. Es empfiehlt sich in einem ersten Schritt die Durchführung von Potentialanalysen. Als weiterer Schritt ist die Erstellung von bedarfsgerechten Karrieremodellen im Zuge einer Bedarfsanalyse sinnvoll. Ausserdem erweisen sich in diesem Zusammenhang Evaluierungsbögen gemeinsam mit Fortbildungen als wirkungsvolles Instrument mit einer zielorientierten und gut strukturierten Konzipierung. Diesen Bögen sind klare Hinweise zu entnehmen, an welchen Stellen vom Unternehmen Verbesserungen in der Fort- bzw. Weiterbildung sowie in Kombination mit Human 2 Human Massnahmen sinnvoll sind. Entscheidend ist, dass der Mitarbeiter zum richtigen Zeitpunkt vom Unternehmen abgeholt wird. Nur dann kann eine Förderung mit gezielten und spezifischen Programmen. Darüber hinaus kommt es ausserdem auf die richtige Analytik an. Dazu gehört auch - in Bezug auf die Programmteilnahme - eine entsprechende 360°-Auswertung sowie gegebenenfalls die Erfassung weiterer persönlicher Details. So kann es Nachhaltig und substantiell zu einer Verbesserung der Auswahl der Fortbildungsteilnehmer kommen. Personalverantwortliche sollten sich auf diese Aufgabenstellung fokussieren.

*"If you pick the right people and give them the opportunity to spread their wings—and put compensation as a carrier behind it—you almost don't have to manage them."*

*Jack Welch*

# 5   Social Recruiting und Social Experience

Wer es noch nicht gesehen hat, dem sei gesagt: Die Zukunft der Personalgewinnung gehört der crossmedialen Kampagne. Das heisst, der Suche und der Direktansprache potenzieller Kandidaten via Social Networks. Diese Möglichkeit stellen den Personaler vor ein völlig neues Aufgabengebiet. Die Kombination von verschiedenen Online-Jobbörsen und die gezielten Jobanzeigen in Social Networks mit der eigenen Unternehmens-Seite, erzielt einen viralen Effekt bei der Rekrutierung. Das aktive Recruiting und die damit verbundene Direktansprache ist jedoch für viele Personaler noch ein weitgehend unbekanntes Neuland. Daher wird häufig der tatsächliche Nutzen dieser "neuen" Personalgewinnungskanäle negativ oder kritisch hinterfragt und schliesslich als ein zu zeitintensives Unterfangen abgelehnt. Hier gilt es für Aufklärung zu sorgen, optimale Prozesse und Strategien in diesem Bereich zu entwerfen und diese schliesslich mittels Change Management auch im Unternehmen umzusetzen. Schliesslich kann authentisches Recruiting die Glaubwürdigkeit des Unternehmens deutlich steigern und schafft zudem Vertrauen. Gerade die begehrten

kommunikativen Kandidaten sind Nutzer der Social Media Plattformen, wie Facebook. Durch eine gezielte Auslagerung der Social Recruiting-Prozesse kann der HR-Bereich zudem sogar noch entlastet werden. Wichtig bei Ausschreibungen im Internet ist jedoch in jedem Fall ein unverwechselbarer Auftritt. Er spiegelt nicht nur das Unternehmen wieder, sondern dient gleichzeitig als Werbemassnahme. Personaler müssen die Zielgruppen am richtigen Ort, mit den richtigen Formulierungen ansprechen. Dabei müssen sie nicht authentisch auftreten, sondern auch die individuellen Stärken des Unternehmens als Arbeitgeber erfolgreich vermitteln können. Der Trend des Social Recruiting geht weit über die einschlägigen Online-Jobbörsen hinaus. Intelligente Personaler setzen auf eigene Karriere-Websites und die viralen Effekte der sozialen Netzwerke, wie LinkedIn, Xing oder Facebook. Gerade Spezialisten und Toptalente, die genau wissen das sie mit ihren Skills aus der Masse klar hervorstechen, lassen sich nicht über eine Standard-Stellenanzeige rekrutieren. Viel mehr erreicht ein Unternehmen solche Kandidaten über entsprechend überzeugende, eigene Präsenzen, via Active Sourcing oder mittels der eigenen Unternehmens-Seite auf den Social Medias. Der Grundgedanke

dabei ist, dass ein Follower dieser Branded-Seiten durch Kommentaren dort sein Interesse und Engagement bereits dokumentiert hat und auf diesem Weg leicht und formloser mit dem so bereits präferierten Unternehmen in Kontakt kommt. Die wichtigsten Schritte für ein erfolgreiches Social Recruiting sind die Selektion von:

- der Auswahl der richtigen Plattformen (XING, LinkedIn, Facebook, Meetup, etc.)
- der Auswahl der richtigen Gruppen und Communities
- der richtigen Ansprache und korrektes Wording der angesprochenen Zielgruppe

Das bei vielen Unternehmen beliebte Headhunting lohnt lediglich bei gehobenen Positionen wie der Besetzung einer CEO- oder CFO-Vakanz. Nur in diesen Bereichen sind die Kostennachteile für Provision und Prozess- und Abwicklungskosten zu rechtfertigen. In allen anderen Bereichen empfiehlt sich stattdessen ein Social Media Recruiting-Mix. Mit crossmedialen Kampagnen können Personaler bei der Personalbeschaffung, in Kombination mit den folgenden Hilfsmitteln besonders schnelle Erfolge erzielen:

- Einsatz verschiedener Social Networks (Facebook, Google etc.)
- Business Networks (wie XING, LinkedIn und ähnliche)
- Microbloggs (z.B. Twitter)

- Online-Jobbörsen

- fachspezifische Foren

- Plattformen und Jobbörsen von Hochschulen

- Suchmaschinen-Kampagnen

- regionale Veröffentlichung von Vakanzen

Neben der Erweiterung des Bewerberkreises durch die zielgerichtete Präsenz auf den unterschiedlichen Plattformen erreicht der Personaler eine zielgruppenorientierte Ausschreibung der Positionen vor allem durch:

- präferenzbezogene (beruflich wie persönlich) Ansprache

- direkte Kommunikation mit Interessenten

- gezielte Weiterempfehlungen der vakanten Stellen durch Fans und Follower

Ausserdem erreichen Sie durch Weiterempfehlungen von Mitgliedern der sozialen Netzwerke die Aktivierung von nicht proaktiven Kandidaten und sorgen für eine nützliche und stetige Verbreitung im Netz. Es ist jedoch darauf zu achten, dass der Personaler schnell und flexibel reagiert, denn etwaige Bewerber melden sich zeitnah und erwarten ein adäquates zeitliches Feedback.

Aus diesem Grund kommt es bei diesen Kanälen häufig zu einem kritischen und negativen Hinterfragen des Nutzens solcher Massnahmen sowie von personalpolitischen Engagement über die verschiedenen Social-Media-Kanäle. Letztendlich kommt es schliesslich häufig zu einer Ablehnung dieser Wege, da sie zu viel Zeit in Anspruch nehmen. Von Bedeutung sind daher eine umfassende Aufklärung sowie die Entwicklung von optimalen Prozessen und Strategien über das Change Management, wobei authentisches Recruiting die Glaubwürdigkeit steigert und Vertrauen schafft. Begehrt sind besonders die kommunikativen Kandidaten, die sich auf den Social Media Plattformen auskennen. Kommt es zu einer gezielten Auslagerung der Social Recruiting-Prozesse, ist die Folge daraus eine deutliche Entlastung im HR Bereich. Zudem ist ein unverwechselbarer Auftritt im Internet gerade im Hinblick auf Ausschreibungen von grosser Bedeutung. Schliesslich spiegelt der Auftritt das Unternehmen wider und bildet gleichzeitig eine wichtige Werbe- und PR-Massnahme. Für den Erfolg ist jedoch das Ansprechen der entsprechenden Zielgruppen durch Personaler am richtigen Ort und zur richtigen Zeit erforderlich. Von Bedeutung sind ebenso die richtigen Formulierungen sowie ein authentisches Auftreten. Dabei ist vor allem das Herausstellen der individuellen Stärken des Unternehmens als Arbeitgeber erforderlich. Der Trend von Social Recruiting geht weit über die einschlägigen Online-Jobbörsen hinaus. Intelligente Personaler setzen bei der Personalgewinnung auf zwei Wege. Zum einen sind eigene Karriere-Websites von Bedeutung, zum anderen dürfen aber auch die viralen Effekte der sozialen Netzwerke nicht unterschätzt werden. Dazu zählen z.B. LinkedIn, Xing oder Facebook. Standard-Stellenanzeigen sprechen gerade diejenigen am wenigsten an, die wissen, dass es sich bei ihnen um Spezialisten und Toptalente handelt. Leute mit ihren Skills sind nur selten zu finden, da sich solche Kandidaten vor allem über solide und professionelle eigene Präsenzen, via Active Sourcing oder mittels der eigenen Unternehmensseite auf den Social Medias finden lassen. Der Grundgedanke dabei ist, dass ein Follower dieser Branded-Seiten durch Kommentare bereits sein Interesse und Engagement bekundet hat. Damit kommt ein Kontakt mit dem Unternehmen in der Regel nicht nur leichter, sondern auch formloser zustande.

*"The conventional definition of management is getting work done through people, but real management is developing people through work."*

*Agha Hasan Abedi*

# 6    Onboarding Experience

Warum ist wichtig, dass die ersten Tage und Wochen im neuen Job für den Mitarbeiter besonders angenehm und förderlich sind? Was kann man mit einem ausgeklügelten Onboarding erreichen? Was verstehen wir darunter? Wichtig ist, das ein gutes OnBoarding richtig funktioniert.

Denn auch hier gilt: der erste Eindruck zählt. Das gilt auch oder vielleicht sogar ganz besonders für den Jobeinstieg. Beginnt der neue Mitarbeiter und muss dann erst auf wichtige Arbeitsmittel warten, kostet das dem Unternehmen unnötig Geld und reduziert ausserdem die Motivation des Einsteigers. Häufig sind fehlende Ressourcen der Grund, warum die Personaler nicht den vollständigen Überblick über den Onboarding-Prozess der neuen Mitarbeiter behalten. Neben einer Mitarbeiterdatenbank muss es eine papierlose und schnelle Abstimmung mit den einzelnen Abteilungen geben, um den effektiven Bedarf für den neuen Mitarbeiter schnell und effizient zu klären und die verschiedenen Beschaffungsprozesse transparent zu gestalten. Personaler setzen bei der richtigen Koordination dieser Businessprozesse besser auf modernes Equipment. Mit der richtigen technischen Unterstützung im Rahmen eines Intranets bleiben komplexe Abläufe für alle beteiligten Fachabteilungen übersichtlich und können zudem vom HR-Bereich problemlos koordiniert werden. Die Investition in eine vernünftige IT-Onboarding-Lösung zahlt sich deshalb aus und sollte die folgende Punkte umfassen: Neue Mitarbeiter erfassen

Eingabe der Stammdaten sowie des speziellen Arbeitsbereichs des neuen Mitarbeiters in die IT. Das System wird dann automatisch alle relevanten Informationen in einer zentralen Datenbank abgleichen und nach entsprechend definierten Regeln die jeweiligen Vorgänge automatisch und digital weiterleiten.

## Die Wahl der nötigen Arbeitsmittel

Danach können die benötigten Arbeitsmittel vom Personaler direkt festgelegt werden. Die Bestellungen gehen dabei automatisch an die involvierten Fachabteilungen. Alle Beteiligten, sowie Vorgesetzte und der Neuzugang selbst, können sich stets über den aktuellen Stand der Bestellung informieren. Zeitraubende und unter Umständen demotivierende Nachfragen und Erinnerungen bleiben somit aus.

## Informationsfluss und Nachverfolgung

Diese Businessprozesse sollten vom System und nach den Vorgaben der Personaler so durchstrukturiert sein, dass die Vorgänge grundsätzlich zeitnah durchlaufen. Dementsprechend müssen Weiterleitungen installiert werden, um bei Abwesenheit

eines Sachbearbeiters die gewünschte Beschaffung aus dem jeweiligen Fachbereich dennoch zu garantieren, ohne das es zu Verzögerungen kommt. Ein integrierter Feed sollte sämtliche Beteiligten immer über den Prozess und dessen Fortschritt auf dem Laufenden halten. Nur so kann im Zweifelsfall eingeschritten werden, wenn der Prozess in einer Abteilung ins Stocken gerät.

## Digitale Auswertung des Onboard-Prozesses

Mit einem speziell auf das Onboarding eingerichtetem System lässt sich etwaiger Optimierungsbedarf umgehend erkennen. Ein transparentes Businessprozessmanagement ermöglicht dem Personaler die Analyse sämtlicher Geschäftsprozesse. In der Regel können Verlaufsdiagramme genauen Aufschluss über den gesamten Verlauf des Onboarding-Prozesses geben und explizit aufzeigen, wie lange jeder Bearbeitungsschritt im Detail gedauert hat.

## Maintenance, Betreuung sowie Off-Boarding

Die Investition in ein Programm zur Unterstützung der Personaler beim Onboarding neuer Mitarbeiter, zahlt sich auch für die weitere Betreuung aus. Arbeitsutensilien (mit begrenzter Lebensdauer oder Aktualität) können terminiert werden und wechselt ein Mitarbeiter seinen Bereich oder die Position, kann auf das geänderte Incentive entsprechend eingegangen werden. Mit einer passgenauen, digitalen Lösung wird der Personaler zeitnah, kostensparend und schnell auf diese Situationen reagieren, was natürlich auch für die Massnahmen bei einem Mitarbeiter-Abschied gilt. Von der Einstellung bis hin zur Integration neuer Mitarbeiter, ist der Onboarding-Prozess ist ein wichtiger Faktor. Ein schneller und transparenter Prozess ist die wichtigste Voraussetzung dafür, dass Firmen es schaffen die besten Kandidaten an Bord zu holen und dauerhaft zu halten. Ohne eine entsprechende EDV-Lösung ist dies kaum in dem gewünschten professionellen Stil vom Personaler zu gewährleisten.

*"Hire people who are better than you are, then leave them to get on with it. Look for people who will aim for the remarkable, who will not settle for the routine."*

*David Ogilvy*

# 7 Die Qualität der Mitarbeiter sicherstellen (Corporate Fit)

Eine der grössten Hürden zur Gewinnung von Top-Mitarbeitern ist die Konkurrenz und damit verbunden das Image der Arbeitgeberin bzw. des Arbeitgebers. Deswegen werden sich Unternehmen vermehrt auf die Entwicklung ihrer Arbeitgebermarke konzentrieren. Dieses Verfahren ist auch bekannt als Employer Branding. Um die eigene Marke zu stärken, wird Personalern eine enge Zusammenarbeit mit der Marketingabteilung empfohlen. Der Einsatz von den richtigen Tools ist zur Markenbildung und Mitarbeitergewinnung weiterhin von entscheidender Bedeutung. Gemäss durchgeführter Studien sind dies Online-Stellenbörsen, eine eigene Karriere Website und berufsbezogene soziale Netzwerke. Warum also nicht einmal Budgets zusammenlegen und so die Kommunikation und Personalgewinnung kombinieren?

Die Unternehmen haben inzwischen verstanden, dass sie individuelle Werte und Prinzipien nach aussen transportieren müssen und dass die Aussendarstellung der Unternehmen zu einem festen Bestandteil der jeweiligen Marke, des gewünschten Images und des speziellen Produkts an sich geworden ist. Dabei wurden aber in der Vergangenheit die Mitarbeiter als eine entscheidende Grösse häufig vergessen oder nur minimal bedacht. Personalgewinnung, Talentförderung, Mitarbeiterbindung und ebenso die Mitarbeiterwahrnehmung sind aber als strategische HR-Managementaufgabe auch Bestandteil der Marke und folgen der Logik des Markenauftritts. Corporate Identity setzt sich zusammen aus Corporate Behaviour, Corporate Communication, Corporate Philosophy und - ebenfalls ein ganz wichtiger Punk - Corporate Social Responsibility. Nur, dass die Corporate Social Responsibility bislang oft nicht nachhaltig genug verfolgt wird. Die Anwerbung sowie die folgende Bindung der Mitarbeiter sollte gleichermassen strukturiert durchdacht werden, wie es auch im Bezug auf den Verkauf von Produkten und Serviceleistungen an externe Kunden selbstverständlich scheint. Menschliche Ressourcen als vernachlässigbare Grösse anzusehen ist ein grosser Fehler. Die aktuellen und künftigen Mitarbeiter sind nämlich anspruchsvoller geworden. Personaler stehen einer geänderten "Zielgruppe" gegenüber. Geburtenschwache Jahrgänge, Überalterung, der Mangel an ausländischen Fachkräften (die in ihren eigenen Ländern zunehmend nachgefragt werden) sowie die zunehmende Auswanderung von hochqualifizierten Fachkräften, dezimieren die allzeit verfügbare und reichhaltig existente Ressource "Mitarbeiter" nachhaltig. Dementsprechend ist ein ganzheitliches Konzept unumgänglich und stellt den HR-Bereich vor neue Aufgaben. Das Corporate Fit Konzept ist somit die wichtigste und beste Werbeplattform für den Personaleinkauf und die Mitarbeiterbindung in der Zukunft.

Es ist zudem ein Paradigmenwechsel festzustellen. Bislang war die Corporate Identity vornehmlich nach aussen gerichtet, jetzt müssen diese Elemente so gestaltet werden, dass Personaler mit dem aufgebauten Image Fachkräfte akquirieren können. Entscheidend ist zudem, dass die Botschaft ganzheitlich, über alle Ebenen synergetisch aktiv gestaltet ist und nach innen auch so glaubhaft gelebt wird, damit das gewonnene Personal bleibt und nachhaltig den Unternehmenswert steigert. Drei Punkte stehen somit auf der Agenda für ein wirkungsvolles Corporate Fit:

## Das Corporate Identity Konzept

Das Corporate Identity Konzept muss nun auch die Rolle nach innen aktiv und effektiv wahrnehmen, um das Unternehmen als Arbeitgeber attraktiv zu machen. Vor allem Unternehmen mit klassischem "Verkaufs"-CI-Konzept dürften damit kaum Schwierigkeiten haben. Diese Betriebe können den daraus resultierenden Nutzen einfach und strategisch auf die Human Ressources übertragen und entsprechende Synergien durch nur minimale Anpassungen nahezu sofort generieren. Schwieriger hingegen wird es für Unternehmen, die es bislang versäumt haben, sich um ein gutes Corporate Identity Konzept zu bemühen. Hier ist Eile geboten, um eine zeitnahe Umsetzung zu erreichen und um auch noch in den nächsten Jahren als interessanter Arbeitgeber von potentiellen Arbeitskräften wahrgenommen zu werden.

## Die Zielgruppenanalyse

Die Zielgruppenanalyse hinsichtlich möglicher Kandidaten (die zum Unternehmen passen bzw. die das Unternehmen aus strategischer Sicht benötigt) ist unverzichtbar. Ebenso müssen deren Skills entsprechend beurteilt werden. Die Einstellung zur Kernleistung des Unternehmens und zum Image sind wesentlich, da sich diese Kostentreibenden und erfolgskritischen Faktoren nicht nur bei der Einstellung, sondern auch danach nachhaltig auf die Bindung dieser Mitarbeiters an das Unternehmen auswirken. Hierbei ist an Weiterbildung, höhere Qualifizierung und Umschulungen zu denken, denn künftig werden sich Investitionen in Mitarbeiter erst deutlich später rentieren als wie es bislang der Fall war. Deshalb ist im Vorfeld die jeweilige Einstellung sorgfältig zu eruieren, um eine kostenträchtige und vermeidbare Fluktuation nachhaltig zu vermeiden.

## Den idealen Einstellungsbereich definieren

Ähnlich dem Absatzmarkt, müssen Personaler untersuchen, wo sich die für ihren Betrieb geeigneten Kandidaten bestmöglich erreichen lassen. Genau an diesen Stellen ist es dann Aufgabe von der HR, den Personalmarkt aktiv zu gestalten und zu bearbeiten. Dies verdeutlicht, dass der HR-Bereich künftig auch über Kenntnisse im Marketing verfügen muss, um seinen Aufgaben gerecht werden und nachhaltig den Personalbedarf decken

zu können. Entscheidend ist hier eine ganzheitlich ausgelegte Corporate Identity, das

auch die Mitarbeiterbeschaffung und -bindung berücksichtigt. Corporate Fit beinhaltet

neue Methoden und Herangehensweisen im Bezug auf eine Personalverfügbarkeit die

nachhaltig greift. Personalmanager werden sich diesen neuen Aufgaben stellen müssen,

um erfolgreich den Bedürfnissen ihres Unternehmens zu entsprechen.

*"Ein guter Manager sollte nie zulassen, dass seine Mitarbeiter mit Problemen zu ihm kommen - er sollte darauf bestehen, dass sie fertige Lösungen mitbringen."*

*Cyril Northcote Parkinson*

# 8 Employee Experience

Mitarbeiter durch ausgezeichnete Erlebnisse gezielt für ein Unternehmen zu gewinnen und vor allem nachhaltig zu binden, ist eine der neuen und situationsgeschuldeten Aufgaben vor der Personalmanager heute vermehrt stehen. In der lebhaften Debatte darüber, wie HR die schweren Herausforderungen der Zukunft bewältigen kann, fällt zunehmend das Schlagwort EED (Employee Experience Design). Der anstehende Mangel an qualifizierten Arbeitskräften ist dabei der Auslöser, um Methoden des Vertriebs

gleichermassen für den internen Bereich zu nutzen. Die Employee Experience bedient sich hier dem Vorbild des Customer Experience. Mit dem Gestalten von eindrucksvollen Kundenerlebnissen lässt sich ein Produkt nachhaltig anbieten und die Bindung des Kundenkreises zum Unternehmen wird gestärkt. Diese Effekte können ebenso für die Mitarbeitergewinnung und zur Vermeidung einer überhöhten Fluktuation im Personalwesen Anwendung finden. Das eigene Unternehmen erfolgreich im künftig immer härter umkämpften Mitarbeitermarkt erfolgreich zu positionieren, ist keine triviale Aufgabe für HR. Die entsprechenden Ereignisse müssen gut gewählt und organisiert sein. Zudem müssen sie auf das jeweilige Unternehmen abgestimmt und für die teilnehmende Belegschaft ein Erlebnis mit Mehrwert sein. Hinzu kommt, dass die meisten HR-Funktionen noch immer einer

starken Prozesslogik verhaftet sind und Personaler ihre Arbeit noch zu sehr in den klassischen Feldern des Personalmanagements sehen. Auch hier muss ein Wandel erfolgen und ein entsprechendes Umdenken einsetzen. Diese notwendige Umstellung verlangen einen Kraftakt in der Neuausrichtung von Human Ressources.

Operative Exzellenz in der Personalarbeit ist zwar eine Selbstverständlichkeit, jedoch gibt es keine Differenzierungsmöglichkeit. Heutzutage muss sich das Personalmanagement neuen Herausforderungen stellen. Es sind die Bedürfnisse der HR-Kunden, die künftig in den Vordergrund rücken und an denen sich moderne HR-Funktionen orientieren müssen. Es ist entscheidend, welche Werte ein Unternehmen vermittelt und Employee Experience ist eine Möglichkeit, diese unmittelbar zum Ausdruck zu bringen. Ganzheitliche Kundenerlebnisse haben eine deutliche Botschaft und wirken nachhaltig.

Die demografischen Entwicklungen prophezeien deutlich, dass künftig der Mensch (und mit ihm seine persönlichen und unmittelbaren Bedürfnisse) in den Fokus des wirtschaftlichen Handelns rückt. Moderne Personalarbeit muss sich deshalb schon frühzeitig verstärkt an den verschiedenen Mitarbeiterbedürfnissen ausrichten und HR-Produkte müssen diesen Kundenwünschen entsprechen. Employee Experience versteht sich also unter anderem als aktive Gestaltung und als positives Erleben bei bewusster oder unbewusster Inanspruchnahme der Personalarbeit.

*"Good management is the art of making problems so interesting and their solutions so constructive that everyone wants to get to work and deal with them."*

*Paul Hawken.*

# 9 Mitarbeiter halten

Ein kluger Personalarbeiter weiss, dass das Wissen der Mitarbeiter einer der wichtigsten Produktionsfaktoren darstellt. Wandern Mitarbeiter aus Schlüsselpositionen ab, geht dem Unternehmen unter Umständen einzigartiges Wissen verloren. Mit einem perfektem Wissensmanagement kann dieser Brain Drain vermieden und das Wissen auch langfristig an das Unternehmen gebunden werden.

Den vielfältigen Gründen für die Abwanderung von Angestellten kann nur bedingt entgegen gewirkt werden. Gute Arbeitsbedingungen, angemessene monetäre und emotionale Entlohnung sowie die Berücksichtigung der jeweiligen individuellen Weiterentwicklung sind gute Strategien, jedoch verhindern sie Abgänge aus persönlichen und altersbedingten Gründen nicht. Das Wissen dieser Wissensträger muss dem Unternehmen aber dennoch erhalten bleiben und für Nachfolger zugänglich gemacht werden. Dabei stellt das kodifizierte Wissen kein grosses Problem dar, da dieses Faktenwissen aus Büchern, Datenbanken und dem Internet generell erhalten bleibt. Anders sieht es jedoch mit dem implizitem Wissen aus, welches allein aus Erfahrung resultiert. Es ist stark individualisiert und begründet in der Gesamtheit des Könnens, des Wissens und der Erfahrung einer einzelnen Person. Dementsprechend ist es nur direkt von diesem Mitarbeiter oder durch vielfältige Erfahrung erwerbbar. Personaler müssen darauf drängen, dieses spezielle Wissen von den einzelnen menschlichen Wissensträgern zu lösen und den Kollegen zugänglich zu machen. Keine einfache Aufgabe, da das implizite Wissen über einfache Fakten hinausgeht und die Erfahrungswerte und das Gespür der Person einschliessen.

Eine Risikoanalyse kann dem Personaler helfen zu erkennen, ob das Unternehmen von einem Brain Drain betroffen seien könnte, wenn eine Schlüsselperson ausscheidet. Die nachfolgenden Fragen stammen aus dem Knowledge Management Risk Evaluation Test von Novus Origo und bilden eine solide Basis:

- Wenn eine Schlüsselperson das Unternehmen verliesse, wäre das in Ordnung?
- Gibt es einen Nachfolgeplan, um kritische Geschäftsprozesse am Laufen zu halten?
- Sind die Prozesse gut dokumentiert und ebenso einfach für Nachfolger zugänglich?
- Gibt es unternehmensinterne Schulungsprogramme für die wichtigen Abläufe?
- Werden alle 12-18 Monate Ihre Geschäftsprozesse evaluiert, um die Effizienz zu überprüfen?
- Wurden die Geschäftsprozesse weitgehend automatisiert, um die Ausgaben zu reduzieren?

Sobald auch nur eine Frage mit "nein" zu beantworten ist, erkennt der Personaler sofort, dass das Wissensmanagement im Unternehmen verbessert werden sollte. Die Lösungen sind unternehmensspezifisch, doch mit den folgenden fünf Tipps und einem gut funktionierendem Social Intranet kann das Wissensmanagement auf ein solides Fundament gestellt werden und der Personaler etwaigen Brain Drain verhindern.

**Tipp 1:**

Etablierung einer Kultur des gegenseitigen Helfens im Unternehmen! Impliziertes Wissen wird automatisch geteilt, wenn gegenseitiges Helfen vorgelebt wird und es üblich ist, den Kollegen Einblick in die persönliche Arbeitsweise zu geben. Das Social Intranet kann helfen, indem dort Erfahrungen im Umgang mit speziellen Projekten und Prozessen hinterfragt und die hilfreichen Antworten dokumentiert werden können.

**Tipp 2:**

Checklisten zu Arbeitsprozessen müssen hinterlegt sein! Jeder Personaler muss darauf drängen, dass wiederkehrende Prozesse genau dokumentiert und möglichst sofort im Social Intranet zur Verfügung gestellt werden. Neue Mitarbeiter können somit mit einer genauen Anleitung starten.

**Tipp 3:**

Startern sollte eine ausreichende Zeit zur Umsetzung des Erlernten gegeben werden, damit das Wissen und die Abläufe auch wirklich verinnerlicht werden! Das Social Intranet kann helfen, indem es Lernmaterialien und eine Liste mit Experten für etwaige Nachfragen aufzeigt.

**Tipp 4:**

Das richtige Werkzeug muss stets aktuell zur Verfügung stehen! Ein gelungenes Wissensmanagement funktioniert nur mit guter Software und regelmässiger Datenpflege. Ein Social Intranet sammelt Wissen, Nachfragen und entsprechende Antworten sowie Sonderregelungen dazu. Die Aufgabe der Personaler ist es, die entsprechenden Dokumentations-Regeln festzulegen und eine regelmässige Überarbeitung einzufordern.

**Tipp 5:**

Abläufe regelmässig testen! Neue Software oder Prozesse verursachen zunächst Probleme. Alle Massnahmen zum Wissensmanagement sollten daher vor dem Einsatz bzw.

bei deren Einführung im Unternehmen ausgiebig getestet werden. Grundsätzlich sollte dabei zuerst in einem kleinen Kreis gearbeitet werden, bevor die gesamte Belegschaft einbezogen wird.

Ein gewisser Teil von impliziten Wissen wird die Firma mit dem Wissensträger immer verlassen, doch ein umsichtiger Personaler kann einen Grossteils von Brain Drain vermeiden. Die aufgeführte Analyse, nebst der genannten Massnahmen unter Einbeziehung eines guten Social Intranets, sind eine hilfreiche Strategie zur Reduzierung von vermeidbarem Wissensverlust.

*"Management is, above all, a practice*

*where art, science, and craft meet"*

*Henry Mintzberg*

# 10  Mitarbeiter Empfehlungen

Eine weitere und nicht unwichtige Option um Fachkräfte für das Unternehmen zu gewinnen, sind Netzwerke der eigenen Mitarbeiterinnen und Mitarbeiter. Das Internet ermöglicht eine mobilere

Arbeitswelt und auch eine andere Art der Kommunikation. Experten, welche zuvor wegen räumlichen Distanzen nicht in Erwägung gezogen werden konnten, können nun ohne grossen Aufwand angesprochen oder beauftragt werden. Auch hier spielt die Unternehmensmarke eine wichtige Rolle, da spezialisierte Kandidaten fast immer zwischen mehreren Arbeitgebern wählen können. Eine gute Möglichkeit, um eine emotionale Verbindung herzustellen, können zum Beispiel Videos sein. Darüber hinaus wird aber auch die interne Stellenbesetzung, und die damit verbundenen Aufstiegs- und Karrierechancen, bei der Mitarbeiterbindung durchaus eine wichtige Rolle spielen.

In Zeiten, wo qualifizierte Mitarbeiter stark umkämpft sind, sollte auch der Einsatz von standardisierten, elektronischen Mitarbeiterempfehlungen grundsätzlich zum Aufgabengebiet der Personaler gehören. Der interne Kunde kann helfen, dass Mitarbeiter-Niveau nachhaltig zu stärken, also ist die Rekrutierung neuer Mitarbeiter über persönliche Empfehlungen von Beschäftigten ein kostengünstiges wie gleichermassen lohnendes Instrument. Idealerweise kommt hierfür ein digitales

Mitarbeiter-Empfehlungsprogramm (MEP) zum Einsatz. Das Verhältnis von Angebot und Nachfrage im Bezug auf höher qualifizierte Arbeitnehmer verschiebt sich stetig zugunsten der Bewerber. Neben den klassischen Wegen der Personalbeschaffung sollten daher auch innovative Rekrutierungsmöglichkeiten unbedingt genutzt werden. Die MEP unterscheiden zwischen der Möglichkeit einer Nennung von geeigneten Kontakten als potenzielle Mitarbeiter und der Variante, Programme zur Rekrutierung von Mitarbeitern über soziale Netzwerke per Internet zu aktivieren. Dabei werden zwei Vorteile sofort deutlich:

1. MEP verursachen nur geringe Rekrutierungskosten, da die etablierten Mitarbeiter als Werbeplattform dienen.

2. Durch die gezielte Ansprache über vorhandene Kontakte, wird zeitgleich ein Teil der Unternehmenskultur positiv vermittelt. Eine entsprechende Übereinstimmung mit den Überzeugungen des potenziellen Arbeitnehmers reduziert das Risiko einer mitarbeiterseitig erfolgenden, kulturbedingten Kündigung nach erfolgter Einstellung. Dies wurde in einer Studie der Recruiting-Plattform Jobvite eindrucksvoll belegt. Während nur 14 Prozent der Kandidaten die über Jobbörsen rekrutiert wurden über drei Jahre im Unternehmen bleiben, sind es bei den Einstellungen über empfehlende Mitarbeitern ganze 47 Prozent.

1. MEP verursachen nur geringe Rekrutierungskosten, da die etablierten Mitarbeiter als Werbeplattform dienen.

2. Durch die gezielte Ansprache über vorhandene Kontakte, wird zeitgleich ein Teil der Unternehmenskultur positiv vermittelt. Eine entsprechende Übereinstimmung mit den Überzeugungen des potenziellen Arbeitnehmers reduziert das Risiko einer mitarbeiterbezogenen, kulturbedingten Kündigung nach erfolgter Einstellung. Dies wurde in einer Studie der Recruiting Plattform Jobvite eindrucksvoll belegt. Während nur 14 Prozent der Kandidaten die über Jobbörsen rekru-

tiert wurden über drei Jahre im Unternehmen bleiben, sind es bei den Einstellungen in Folge von Mitarbeiterempfehlungen ganze 47 Prozent.

Die Personalbeschaffung eines Unternehmens wird natürlich nicht allein über Mitarbeiterempfehlungen realisierbar sein, jedoch bleibt die Mitarbeiterempfehlung ein wirkungsvolles zusätzliches Instrument. Voraussetzung hierfür ist jedoch eine durchdachte Implementierung, die Informations-, Aktions- und Selektionsfunktionen berücksichtigt, damit die geeigneten Kandidaten für eine vakante Position auch gezielt angesprochen werden können. Ein weiterer wesentlicher Faktor sind Motivation und Bereitschaft der bestehenden Belegschaft für das Unternehmen als Gate Keeper zu fungieren und nicht nur den geeigneten Kandidaten von ihrem Unternehmen zu berichten, sondern diese auch im Betrieb vorzuschlagen. Dazu müssen die Mitarbeiter eine ausreichende Unterstützung erfahren und können über Geld- oder Sachprämien angespornt werden. Denkbar sind auch gezielte Punktesysteme, welche die einzelnen Etappen im Rekrutierungsprozess (Kontaktnennung, Vorstellungsgespräch, Vertragszeichnung und Verbleib über die Probezeit hinaus) entsprechend honorieren und dann zum Jahresende in monetäre Vorteile gewandelt werden. Deutlich wirksamer und damit auch nachhaltig wirkt sich jedoch eine im Unternehmen herrschende Zufriedenheit der Beschäftigten aus. Hier spricht man von einem affektiven Commitment der Mitarbeiter, also deren Loyalität und die damit verbundene emotionale Bindung an das Unternehmen. Ist diese hoch, steigt die Bereitschaft sich im Bereich der Personalbeschaffung instrumentalisieren zu lassen. Empfehlungen gleichen einer Vorauswahl, denn der Mitarbeiter selektiert seine Kontakte unter der Berücksichtigung seiner Kenntnisse vom Unternehmen und den dort herrschenden Erwartungen. Eine Studie der HFU Business School Furtwangen belegte bereits im Jahre 2012, dass bei guten Rahmenbedingungen eine hohe Erfolgsquote mit dem MEP erzielt werden kann. An dieser Studie nahmen 150 Unternehmen mit aktivem MEP teil und lieferten ein bemerkenswertes Ergebnis: Sieben Empfehlungen führten im Durchschnitt zu drei Arbeitsverträgen. Es gibt kaum einen effizienteren Weg Neueinstellungen für ein Unternehmen zu generieren.

Mitarbeiterempfehlungen sind ein sinnvolles Recruiting-Instrument für Unternehmen. Die eigenen Mitarbeiter werden hier zu kostenlosen Headhuntern und bringen dem Unternehmen so zahlreiche Vorteile:

- Kostenersparnis
- Hohe Erfolgsquote
- Passgenauigkeit der empfohlenen potenziellen Kandidaten

Die auf diesem Weg rekrutierten Mitarbeiter weisen zudem eine höhere Bindung zum Unternehmen auf, als wie Mitarbeiter, die auf anderem Wege gewonnen wurden. Damit sind Mitarbeiterempfehlungsprogramme ein vielversprechendes Instrument der Personalbeschaffung und darüber hinaus extrem nachhaltig im Erfolgsfalle. Auf Grund der begrenzten Reichweite sind sie jedoch nur eine Ergänzung zu klassischen Recruiting-Massnahmen. Auch wenn Mitarbeiterempfehlungen das herkömmliche Recruitment nicht ersetzen können, sollten sie daher zwingend zum HR-Programm gehören.

*"The true measure of the value of*

*any business leader and manager is performance."*


*Brian Tracy*

# 11  Employer Branding

Die Arbeitgebermarkenbildung umfasst alle strategischen, aktiven Massnahmen eines

Unternehmens, um für bestehende als auch für potentielle neue Mitarbeiter attraktiv zu

wirken. Der Personaler ist damit direkt in diesen Prozess eingebunden, da dieser Bereich eine Schnittstelle zwischen Marketing und HR-Bereich bildet. Gut qualifizierte Mitarbeiter orientieren sich nicht nur an einer expliziten Stellenbeschreibung, sondern

auch an den Werten und Eigenschaften, die der zukünftige Arbeitgeber repräsentiert.

Vergütung und Arbeitszeiten sind schon seit längerer Zeit nicht mehr alleinige Primärfaktoren für die Entscheidung hinsichtlich einer Zusammenarbeit mit einem Unternehmen. Personaler erfahren immer häufiger, dass zunehmend auch das Arbeitsumfeld

und

andere soziale Faktoren eine entscheidende Rolle spielen. Benefits und Work-Life-

Balance sind wichtige Schlagworte in diesem Zusammenhang. Eine optimale Positionierung in diesen Bereichen sorgt dafür, dass ein Unternehmen attraktiver wird für potentielle Mitarbeiter. Ein strategisches Employer Branding zielt zudem nicht nur auf eine

erfolgreiche Mitarbeitergewinnung ab, sondern dient zeitgleich der Bindung bestehender Mitarbeiter an das eigene Unternehmen. Dadurch kann also auch eine überhöhte

und entsprechend kostspielige Fluktuation der Belegschaft verhindert werden. Gute

Personaler wissen, dass - im Zuge der Debatte um Fachkräftemangel - das Employer

Branding deutlich

an Bedeutung gewonnen hat. Die positive Aussenwahrnehmung des eigenen Unternehmens sollte (neben dem Active Sourcing) ein elementarer Bestandteil der Unternehmenspolitik sein. Dabei ist nicht zu unterschätzen, dass die eigenen Mitarbeiter bei entsprechender Loyalität die besten Markenbotschafter des Unternehmens sind.

Für ein gutes Employer Branding wird der Personaler zunächst Massnahmen, Stärken und Schwächen des Unternehmens erarbeiten, um ein so genanntes Alleinstellungsmerkmal (USP) zu ermitteln. Dieses ist die Grundlage, mit der sich der Betrieb deutlich von der Konkurrenz am Markt abhebt. In der Folge können die Zielgruppe definiert, sowie Erwartungen und Wünsche hinsichtlich der neu zu rekrutierenden Mitarbeiter formuliert werden und nachfolgend eine entsprechende Abstimmung erfolgen.

Es darf nicht zwischen internen und externen Massnahmen eines effizienten Employer Brandings unterschieden werden, denn die nach aussen kommunizierte Leistungsversprechen müssen auch intern eingehalten werden. Zur nachhaltigen Gestaltung der Arbeitsplätze können nachfolgende Massnahmen Anwendung finden:

- Nachhaltiges Gesundheitsmanagement
- Firmeninterne Kinderbetreuung
- Klare Vereinbarkeit von Familie und Beruf
- Aufstiegsmöglichkeiten sowie effiziente Weiterbildungsmöglichkeiten
- Flexible Arbeitszeiten
- Vorsorgemöglichkeiten
- Wettbewerbe und Gütesiegel als Zeichen für einen guten Arbeitgeber
- Sport- und Freizeitangebote
- Zusammenarbeit mit Bildungsträgern
- Professionelle Präsenz und Repräsentanz auf Messen und in diversen Social Media-Kanälen

Employer Branding ist eine Aufgabe für den Personaler in Zusammenarbeit mit dem

Marketing und der Geschäftsleitung. Die Verantwortung liegt jedoch in der Regel allein

beim HR Manager. Schliesslich muss er qualifizierte Mitarbeiter auf dem Arbeitsmarkt

ausfindig machen und den gesamten Einstellungsprozess leiten. Natürlich kann auch ein

externes HR- Consulting Unternehmen eingeschaltet werden, um den Arbeitsmarkt zu

analysieren und passende Kandidaten zu finden. Doch auch in diesem Fall ist die Ver-

mittlung eines starken Employer Brands essentiell, um potenzielle und bestmögliche

Mitarbeiter zu werben.

*"Management is doing things right;*

*leadership is doing the right things"*

*Peter F. Drucker*

# 12 Talentmanagement führt zum Erfolg

Als Reaktion auf die veränderten Bedingungen in den globalen Märkten - mit einem schärfer werdenden Wettbewerb um qualifizierte und talentierte Mitarbeiter - haben Personaler die Aufgabe das Talentmanagement durchzuführen, denn dieses dient massgeblich zur langfristigen Sicherstellung der Besetzung kritischer Rollen und Funktionen im Unternehmen. Dazu ist die Priorisierung von Zielgruppen der erste wichtige Schritt bei der Entwicklung eines soliden Talentmanagementsystems. Der Personaler erbringt dabei eine eine kompositorische, personalpolitische Leistung. Es muss zwischen internem und externem Talentmanagement unterschieden werden. Ausschlaggebend ist die

Mitarbeitergewinnung, deren Identifikation mit dem Unternehmen, die persönliche Entwicklung und die Leistungsbereitschaft, einer sich abzeichnenden Elite, die dem Unternehmen unbedingt erhalten bleiben sollte. Besonders dem internen Bereich muss hierbei eine grosse Aufmerksamkeit geschenkt werden, um die langfristig vielversprechendsten Mitarbeiter frühzeitig zu erkennen und diese bereits frühzeitig an das Unternehmen zu binden. Dazu sind in erster Linie dedizierte, so genannte Talent Review Meetings wichtig. Die Führungskräfte des Unternehmens schätzen hierbei Leistung und künftiges Potential ihrer Mitarbeiter ein und stellen die Weichen für entsprechende Förderungen. Geeignete Talente können mit verschiedenen Aufgaben und Anreizen sowie der Aussicht auf eine entsprechende Karriere dann gezielt entwickelt werden.

Besonders hilfreich sind hier etwa folgende Massnahmen:

- Die systematische Zuweisung von herausfordernden Aufgaben (Stretch Roles)
- Bei internationalen Unternehmen die zeitweise Entsendung ins Ausland
- Angebot eines Masterstudiums begleitend zur beruflichen Tätigkeit

- Externe Schulungen und gezielte Weiterbildung

Ein funktionierendes Talentmanagementsystem funktioniert nur mit klar definierten Verantwortlichkeiten. Der Personaler übt hier eine koordinierende Aufgabe aus, während die Führungskräfte für die jeweilige Umsetzung durch die High-Potential und Verfolgung der Leistungen verantwortlich sind. Das Talentmanagement verlangt Controlling, welches wiederum beim Personaler liegt. Dazu müssen relevante Key Performance Indicators (KPIs) erfasst werden. Zu diesen gehören unter anderem:

- Anzahl identifizierter High-Potential pro Organisationseinheit
- Leistung, Loyalität und Zufriedenheit identifizierter Talente
- Anteil interner Besetzungen bei kritischen Rollen und Funktionen
- Beliebtheit und Bekanntheit des Unternehmens auf dem Arbeitsmarkt
- Schnelligkeit bei der Besetzung kritischer Funktionen (Time-to-Fill)

Eine entsprechende Verwendung von geeigneter Informationstechnologie ist nahezu unumgänglich, um die notwendigen KPIs zu ermitteln und das Talentmanagement sinnvoll zu verfolgen.

# 13 Tools

Hier stelle ich Ihnen gerne einige spannende Trends und Plattformen vor.

*Hinweis: Dem Autor sind die Plattformbetreiber bekannt und er ist mit diesen wirtschaftlich und freundschaftlich verbunden:*

**Tool 1: Eqipia** (www.eqipia.com)

Equipia ist ein Empehlungsmanager, der in das Business Netzwerk Xing integriert ist. Mit Equipia ist es schnell und unproblematisch möglich, auf Xing interessante Kandidaten und potentielle Bewerber zu finden. Das Tool nutzt dabei eines der wichtigsten und grössten deutschen Business Social Networks.

**Tool 2: Whatchado** (www.whatchado.com)

Watchado ist eine Videoplattform, auf der sich zum einen Unternehmen mit einer Präsentation kurz vorstellen und ihr Profil veröffentlichen können. Auf die selbe art und weise können aber auch Bewerber sich und ihre Fähigkeiten mit einem Video verkaufen und so die Arbeitgeber auf sich aufmerksam machen. Ein spezielles Matching Tool ermöglicht es, die verschiedenen Unternehmen und Bewerber miteinander zu vergleichen und potentiell passende Kandidaten herauszufiltern.

**Tool 3: Talentwunder** (www.talentwunder.com)

In der heutigen Zeit suchen qualifizierte Bewerber nur selten nach einem Job. Sie möchten stattdessen von einem Unternehmen gefunden und zur Unterschrift überzeugt werden. Hier kommt Talentwunder ins Spiel. Das Tool ermöglicht es Unternehmen einfach und übersichtlich nach passenden Talenten zu suchen und mit diesen in Kontakt zu treten. Neben einer Multichannel Search gibt es zu dem verschiedene Scoring Algorhythmen sowie Filterfunktionen.

**Tool 4: Outvision (**www.outvision.ch**)**

Mit Outvision ist es möglich, eine professionelle und wissenschaftlich fundierte Analyse von Mitarbeitern und Bewerbern zu erstellen. So können Sie schnell und einfach das Potiental Ihrer Angestellten sowie eines potentiellen Bewerbers überprüfen lassen, um zu sehen, ob die Person in der Tat für eine Tätigkeit in dem gewünschten Aufgabenfeld in Ihrem Unternehmen geeignet ist.

# 14  Über den Autor

Roger Basler ist Betriebsökonom FH und Unternehmens-Architekt. Er ist Referent und

Autor seit mehreren Jahren und bekannt für innovative Geschäftsmodelle. Als Digital

Native mit einer Vorliebe für Sprachen und fremde Länder war er lange als Berater im

Ausland (unter anderem in China, den USA, im Naher Osten sowie in Nordeuropa) tätig.

In seiner Funktion als Unternehmens-Architekt steht er etablierten Unternehmen und

Startups in der Schweiz, Deutschland und Österreich in den Bereichen Business-

Development, Digitales Marketing und e-Commerce als Investor und unternehmerisch

beteiligter Berater zur Seite.

Er ist ausserdem Dozent bei Somexcloud (Social Media Academy), der KV Business

School, dem IFJ (Institut für Jungunternehmer), sowie Autor diverser KMU Fachartikel

und Bücher zu den Themen Startup, Produktivität, Zeitmanagement, Social Media und e-

Commerce.

# 15 Buchempfehlung

Ich freue mich, wenn Ihnen mein Buch gefallen hat und möchte Ihnen an dieser Stelle ein Werk empfehlen, welches mich persönlich sehr inspiriert hat:

## THE ONE THING

**The Surprisingly Simple Truth Behind Extraordinary Results**

ist die Nummer 1 der US Bestseller. Es geht in diesem Buch darum, wie man durch Bündelung seiner Energien auf ein Ziel sehr Grosses erreichen kann. Das persönliche "ONE Thing" – die eine, im Moment wichtigste, Sache – finden, sich für eine bestimmte Zeit ganz darauf konzentrieren, und so effektiver seine Ziele (privat oder beruflich) erreichen. Also eine Anwendung des Pareto-Prinzips: Nicht nur die 20% suchen, die 80% des Erfolgs ausmachen, sondern wirklich nur eine einzige Sache! Das ist leichter gesagt als getan, aber wie es gehen kann, erklären Gary Keller und Jay Papasan.

Buch auf Amazon: The One Thing:

# 16  Haftungsausschluss

**1. Auflage Juni 2016**

Autor, Herausgeber, Redaktion, Satz, Gestaltung (inkl. Umschlaggestaltung), Texte, Bilder, Titelbild: Roger Basler